El amado

Laura Parra

El amado

Fondo editorial #NosUneLaPoesía

Edición revisada por: Laura González

http://www.edicionesmadriguera.com.ve
Mérida – Venezuela

Coordinación editorial
Williams A. Hernández

Lectores-editores
Jesús Chávez

Prensa y comunicación
Joffri Campins y Argenis Díaz

Diseño y diagramación
Ennio Tucci

Ilustración de portada:
Laura Parra

HECHO EL DEPÓSITO DE LEY
Depósito legal: ME2021000423
ISBN 978-980-433-062-9

El amado

Laura Parra

Estos poemas están dedicados al Creador de los Cielos
y la Tierra: a YO SOY EL QUE SOY.

PREFACIO

A medida que mi comunión con Dios aumentaba, la alabanza se hacía más armoniosa, los versos se desprendían solos de manera que empecé a escribir para Él. Pasados unos años, tomé la decisión de reunir en un solo cuerpo lo escrito, esto me llevó a sentir la necesidad de darlo a conocer, con la intención de que otros puedan llegar a mover sus fibras más sensibles y meditar en la existencia del Creador, porque deleitoso es el poema que acaricia al alma. De esta manera yo me regocijo en dar a conocer su nombre, en lo excelso de su existencia, convirtiendo la poesía en alabanzas de un corazón renovado.

> "Me regalas cantos de lluvia, aleteos de aves, el eco del viento y el silencio escondido".

Como también:

> "Riegas los campos y nace la semilla".
> "Te manifiestas en lo grande y en lo pequeño".

¿Cómo dudar de tu misericordia?

En las siguientes páginas encontrarás una forma sublime de acercarte a Él. De un primer encuentro se pasa a la entrega, mientras confiamos en su presencia, conociendo y entendiendo su amor damos acción de gracias y alabamos su Majestad, hasta ver el fruto del Espíritu, y esperamos la cena.

"Cuando me creaste con amor lo hiciste y con amor eterno me has amado" por esto y por mucho más, este libro lleva el nombre de "EL AMADO".

LAURA PARRA

DEL ENCUENTRO A LA ENTREGA

...Hasta que tu luz llegó a mí, abriendo mi entendimiento y librándome de mí misma...

YOHANNA PARRA

NO ME DABA CUENTA...

Iba en busca de tu rostro
al pendiente de la oscura
mirada de la noche,
apenas un susurro tocaba el silencio.
Mi cansancio venció la espera
y descendí arrastrando los pies.
Te llamé...,
clamé en suspiros tu presencia,
mas no te miré.

Después de buscarte:
En la existencia,
en el espacio,
dentro y fuera del conocimiento,
...te encuentro.

Perdona mi desidia,
tú has estado,
siempre estás.
Ahora,
escucho tu voz,
llenas mi corazón
y brilla tu rostro en la oscura noche
Creador de la expansión.

EN TU REBAÑO

Después de dormitar en el delirio de grandeza
sobre los barcos de la filosofía de mi mente,
donde el YO mandaba,
donde los placeres del alma y la carne se enriquecían
por caminos de oscuridad,
cual animal andaba
sin cencerro,
perdida estaba mi alma.

Yo sin abrir la puerta,
y tú amándome en silencio
con la paciencia del enamorado fiel.

Llamaste con sutileza
como la brisa roza los vellos.
Abrí la puerta, entraste, cenamos y
vi el sendero del pastor lleno de luz.

Me diste calostro en tu regazo.

Tanto me amas que hasta en mi desierto
me has hecho oasis.
¿Cómo pude vivir tanto tiempo lejos de ti?
¿Cómo recojo ese tiempo perdido?

Hoy como de tu pasto
pasto abundante que no se acaba nunca,
y confiando bramo en tu rebaño.

TOMA ESTE SER

Toma este ser frágil, desatinado,
deambulante mercader.
Ha vendido su vestido de piel,
ha regalado su hermosura, y
en la soledad de los caminos lúgubres, llora.

Deja entrar este cuerpo errante
que se aferre a ti
tú, Señor de la verdad.

Toma este ser,
vagabundo, insensato,
reviértele la piel.
Báñalo, hazlo austero y prudente,
aliéntale en su cordura
tu claridad llene sus ojos, y se arrepienta.

Toma este ser
hazte de él.
Toma este ser.

ANTES DE TI

Yo invocaba a la soledad y le ponía voz.
Como marionetas mis pensamientos volaban,
y en el encantamiento de sus noches sombrías,
lloraba mi alma, lloraba vacía.
Ese vacío sin fondo, jamás se sacia, exigente es la soledad.

Lo dejé entrar a mi corazón,
lo conocí y a mi casa la llenó su voz.
El abismo desapareció,
aquel vacío ajenjo encontró la miel de la peña y aceite del pedernal.
Aunque se apaguen las voces de hombres y
se arruine la ciudad, yo le tendré.
A solas me podrán dejar,
mas Él a mi lado estará.

El desierto se llena...
de las grietas yerguen hojas.
¿Quién como Él que saca a la luz la sombra de muerte?
En paz y amor
ha renacido mi ser.
Soledad, ya no estás.
Ahora,
¡tengo la voz del Señor!

EDIFIQUÉ ALTAR

Edifiqué altar en mi corazón porque allí te miré.
Ofrenda te ofrecí y tú la recibiste.
Sobre yermo estaban mis pies,
solitaria y perdida.
Fuiste a mi encuentro con las manos abiertas,
te recibí con rodillas humilladas
y el rostro mojado de arrepentimiento.

Desnudé mi alma ante ti.
Te presenté mis faltas,
como cinta de grabación fueron pasando mis pecados,
agravios y desatinos.
Llena de basura estaba y contristé mi espíritu.

Olor pasó sobre mí.

Señor, este terroncito sintió tu presencia,
y se hizo nada.

Grande es tu misericordia.

Descubriste mis ojos.
Como fiesta de luces,
así se alumbró mi corazón
y edifiqué altar en él,
allí te sigo mirando
y ofrenda de sacrificio te ofrezco.

TOCASTE

Tocaste mi corazón
y ha florecido mi vida,
pusiste mis pies sobre calzada.

En el agua quedó la muerte.

Rejuvenecida está mi alma
Rejuvenecido mi cuerpo
Rejuvenecido mi espíritu.

Volví a nacer.
Como vara seca estaba yo,
y como floreció la vara de Aarón,
así florece mi alma
como el buen árbol plantado a la orilla de las aguas.

Vida nueva
Vida eterna.

Señor, tocaste mi corazón,
y la huella de tu mano lo acaricia,
la razón calla, tu poder sobrepasa el entendimiento.

Todopoderoso, bendito eres.
Floreces lo seco,
das vida a lo muerto,
al corazón estéril lo fecundas,
y los frutos abundan.

BROTE

Brote suyo quiero ser.
Él da:
La miel y la sal
El gozo y la paz
El entenderle y el conocerle.
Crezca yo y sea apresto suyo,
sea brote de su fundamento.

Este vástago se edifique y
su principio sea conmigo.

Riegue mi conocimiento con su revelación,
pueda yo de rodillas ver salir el sol en oración.
Construya este edificio,
con ventanas y puertas para mirarle,
palabra sobre palabra adosadas a su verdad.

Si vástago soy,
soy familia de Dios.
si en injerto he prendido
brote suyo ya lo soy.

LUZ DE LA MAÑANA

Luz resplandeciente
en quien habita la humildad.
Naturaleza del ser, mi ancla en la deriva.

Visítame,
mis rincones, llenará tu presencia.
Entra,
mi ventana abierta está.
No me tome el día en sus pesares
ni el afán me enlace.
Esparce tu rocío,
toma del café sus flores,
en cada sorbo seas la risa
de mis amores.
Luz de la mañana,
en tu trinar la esperanza escondida,
infinito gozo es tu presencia.
Apacible presente es la aurora
aunque truenen las vicisitudes.
Me entrego en oración,
y suspensa creo en tu venida.

PERMÍTEME

Permíteme mostrarte el momento de mi vida
cuando la mañana despunta
y las aves vuelan.
Cuando invoco tu nombre
para alabarte,
y el aire hace silencio.

Aclara y oscurece,
y mi pensamiento contigo.

Avalancha desaforada y
tentaciones acechan mis días,
mas yo resisto,
resguárdame de ellas.
No dejes me arrastre el río sin agua
al desobediente lo traga el pantano.

Tu camino sea mi camino
no volteen mis ojos a mirar...

Permíteme,
mantener este pámpano en la vid,
y vislumbre las luces de tu venida,
jubiloso pandero
en fiesta de advenimiento.

Permíteme Señor
posarme a tu lado,
la vendimia espera.

ERES TÚ

A quien voy con
pasos apresurados
En quien
mi consejo
confío A quien
las alegrías
solicito

Refugio de mi tristeza.

Eres tú
la mano que me sostiene
Rayo del alba
luz de mis noches
Espíritu me brindas
Espíritu Santo a mí
Tu luz se cuela
en mi corazón
Asomas a tu Hijo
para verte en gloria
Eres tú a quien voy
mi Señor.

A TU REPOSO

Entre mi alma a tu reposo
sea mi cuerpo justo y recto.
Vea yo el resplandor de tu Hijo, tu esencia misma.
Sumo sacerdote expiando mis pecados,
y mi alabanza un continuo ofrecimiento.

Escuche yo tu voz
Sonajero de amor
Susurro de madrugada.

Atraviese mi ventana el haz de tu mirada,
a mis ojos saber de un nuevo día.
El regalo de las muchas aves pinte el espacio,
y haga yo altar en mi corazón para adorarte.

La sombra de tus alas
cubran mi cuerpo, en la ida y en la venida.

Cumpla yo contigo,
se siente mi alma a descansar
gozosa sobre la roca firme de tu Hijo,
y el pedernal suelte las aguas para bañar mí espíritu.

Las delicias de tu voz descubro en silencio
Postre de tu alimento
Revelación de tu palabra.

Entre mi alma a tu reposo
en ese momento:
Cuando haya llegado mi día,
cuando haya acabado mi tiempo.

TE PERTENECE...

Señor,
en los pensamientos de mi corazón te tengo,
y por tu amor yo vivo,
eres mi Dios.
Alisa las dobleces de mi alma
y mi pecho sienta tus palpitaciones
porque se inquieta cuando no te siento.
Circuncidado mi corazón,
medito en tus mandatos y transito en tus caminos,
le he grabado tu nombre,
y me esfuerzo en hacerlo limpio y sencillo para ti,
sean mis hechos conforme al tuyo.

Este corazón tiene lámpara,
ha renacido
con olor de tu presencia
y el brillo de tu corona;
cercano está del tuyo
porque tu Espíritu mora en mí.

Este corazón te pertenece

DE CONOCERTE A LA CONFIANZA

Confiar me basta y me es suficiente, estoy dispuesto a
someterme a su voluntad,
no tardes... te amo mi Señor.

DOUGLAS GONZÁLEZ

AMARTE

Amarte es conocerte,
conocerte es amarte.
Por tu misericordia te conozco,
por tu amor eterno, soy.
Fuerte es como la muerte el amor,
y
si no tengo amor, nada soy.

Quien no tiene amor no te conoce, y yo
con amor visceral quiero amarte.
El amor nunca deja de ser,
yo quiero ceñirme del tuyo,
yo te quiero aprehender.

Es como manantial que brota limpio,
es sentir gozo de tu presencia,
es volar en las alas del mismo amor
y descansar libre en el vínculo perfecto.

Grandes cosas pasan en el corazón del que ama,
fiesta continua es la alabanza,
pensamientos justos
y cánticos de adoración.

Amarte es entrar en lo intrínseco del Espíritu,
y saber que estás.
Amarte es conocerte,
conocerte es amarte.

MI CONFIANZA...

Mi alma contrita clamó a ti
y tú mi Dios la consolaste.
He despertado
para alcanzar salvación.
Me resucitaste de los muertos.
Me has hecho andar en el rebaño de tu Hijo.

En tu confianza está mi alma,
no temeré caída al abismo.

La perdición se aparte de mí,
fluya de mi corazón leche y miel.

Tú me has hecho grande
porque me amas y me perdonas.
En ti confío.

EN EL DINTEL

En el dintel de mi corazón
pusiste seña.
Me apresuré a tomar la cena,
mi calzado puesto estaba.

¡Me sacaste de servidumbre!

Sin embargo, la incredulidad y la obstinación
me hacen vagar en mi desierto.
Ataduras ocultas, que al quejarme las descubro,
como cuando vuelvo al vicio,
como cuando quiero volverme.
¿Hasta cuándo se rebela este ser?
¿Cuándo convertiré mi alma?
Por años la esclavitud laceró mi existencia
aprovechando mi ceguera,
pero tú, Señor, pusiste seña en mi corazón y la luz en mis ojos.
Persisto,
me esfuerzo.
Sé que disiparás hasta las ligaduras más delgadas,
y al toque de trompetas
mi alma cantará
hasta cruzar las aguas
que me separan de tu reposo.

MI LUCHA

Anula este loco pensamiento,
carcome mi existencia,
supura larvas.
Cancerígenas voces
roturan mi alma,
entrometidas imágenes
rompen el hilo.
Recoge las sandeces,
arrójalas a los puercos y
no estarán más.
Vísteme con la coraza,
la espada de doble filo sostenga mi mano.
Lucharé cuerpo a cuerpo,
tu Hijo me sostendrá.
¡Venceré!
No decaiga mi ánimo
ni entorpezca más el maligno mi razón.

He barrido mi casa,
la lámpara pide aceite.
Tu poder engrandezca mi lucha,
y llegaré a tus atrios.

APACIGUA MI ALMA

Eran mis noches
plañidas de insomnio y pena
tras los bastidores de este mundo.
Ahora,
ante tu fidelidad no tambalea mi cordura,
aunque basura vean mis ojos.

Abigarrados hombres
estrujan sus cuerpos
solventando un día tras otro
en interminable paga.
Solvente yo mi día,
mi día para ti
porque yace mi alma
cuando no te siento.

No hay cuesta empinada
cuando estoy contigo.

No se turbe mi ser
ante la calamidad del mundo
ni desespere mi casa por pan.
DIOS apacigua mi angustia.

EL QUE ES

¿Quién me despierta de madrugada
con amor Santo y me dice: no temas?
¿Quién me cobija cuando necesito abrigo?
¿Quién disciplina mi alma cuando deslizo?
¿Quién me da lo esperado?

El que:
Cuida mis sueños y
cada mañana llena de misericordia.
Me conoce, grande es su fidelidad.
Me hace temblar y en amor perfecto me llena de gozo.
Cierra cada herida después de la prueba.
Cubre mis necesidades.
El que es.

Su espada pone en mi mano.

¡Oh, mi Rey!
Espíritu Santo
Espíritu de Dios

El que fue
El que es
El que será.

¡OH, SEÑOR BENDITO!

Ni la fuerza del caballo
ni los carros de hierro
pueden compararse con tu poder.
Tu palabra vence.
Quien la guarda y hace conforme a ella,
ese es quien vence.
Salen mil, diez mil ...
¿Quién contra ti?

Quien lleva el estandarte de tu nombre,
ese cruza el camino confiado,
se entrega a ti y tú aligeras su carga.

¡Oh, Señor bendito!
Ni la fuerza de los tanques
ni las armas destructoras
pueden compararse con tu fuerza.
El poder de la autoridad de tu palabra
hace, deshace y permite.
El sumiso y obediente obtiene victoria,
serán millones y
¿Quién contra ti?

MIRA ESTE CUERPO...

Señor,
mira este cuerpo enfermo, te llama
¿Quién si no tú?
El que sana.
A ti te pido
porque eres mi Dios,
el hacedor de todas las cosas
para ti todo es posible.
Devuélveme la alegría de sentir mi cuerpo sano,
el anochecer sin resfrío,
el día nuevo lleno de fuerzas y agradecida
mi alma te alabe.

La gloria es tuya
Levantas al enfermo
Riegas de misericordia al desvalido,
cuando clama a ti con súplicas en silencio.
Si la dolencia postra mi cuerpo,
no permitas que aflija mi espíritu.
Échame a andar cuantas veces se aflojen mis piernas,
no quiero flaquear.
En cada despertar sienta tu presencia,
y te pido Padre:
mis huesos no sientan frío
ni mi carne dolor,
solo un pensamiento tuyo basta para sanarme.
Fortaléceme en ti,
yo espero en gozo tu mano.
¡Levántame!
Sea la gloria para ti que todo lo puedes, Señor.

EL PASTOR

A la perdida
busca
Al redil vuelve
la descarriada
Venda
la patiquebrada
Fortalece
a la débil.

En medio de las esparcidas
las reconoce.

Pasa la vara de medir.

Las apacienta en buenos pastos
en su monte será su aprisco.

Las recoge
Las junta
da la vida por ellas.

El Padre se las dio,
y les da vida eterna
Conocen su voz,
y le siguen.

TE PIDO

Padre:
llega hasta aquel que desfallece en su cuerpo.
Tú, ordenas y se hace,
de ti viene la sanación,
tú das la cura y
devuelves el aliento de vida.

El Hijo del Hombre
levantó enfermos
y
vivificado levanta almas.

Perdona nuestros pecados
para ser sanados.
Sanados entramos en perfección.

La restauración y santificación
son tuyas,
sea hecho todo conforme a tu voluntad.

SÓLO TÚ RESTAURAS

En momentos de perdición
donde el hombre antepone su razón vacía,
y las hienas devoran al alma viva;
fiel eres tú mi Señor,
quien nos afirmas, ayuda
y nos guardas del mal.
Rescatas de la sepultura,
perdonas y sanas lo descompuesto.

Resplandece tu rostro,
y sana nuestro ser.

¡Oh Padre!
Serena y reposada
es el alma de quien
descansa en ti.

Sólo tú transformas los corazones,
al necio lo haces sabio y
al simple entendido.

Sólo tú restauras.

EDIFÍCAME...

Hila mis pensamientos,
y mi oración perfume el templo.

Edifícame para morada del Padre.

No duerma mí espíritu,
vele en comunión con el Espíritu,
y alabe.

Dijo Dios: "...descúbrase lo seco".
Así, me descubra, le sea bueno
y se mueva dentro de mí.
Viaje profundo mi raíz
arraigada en su simiente,
pueda yo dar fruto y semilla.
Las lumbreras no se apaguen
en mis ojos,
hasta cuando la luz infinita
de la majestad de Dios me alumbre.

No merezco nada,
mas su misericordia derrama.
Ordena mi proceder.
Llena esta casa de cantos
para bendecir al Padre
y enaltecer su nombre.
Edifícame para morada del Padre.
Edifícame.

AMADO

Solo en Dios encontramos el verdadero amor.
La esencia de la existencia.
LORENA MEJICANO

Su amor me buscó y me encontró, no lo cambio por nada.
HORTENSIA RUÍZ

"El que no repara en su visita cuando la solicito
y trae presentes a mi corazón".

SOLO TÚ

Apilen mis manos
deliciosas frutas del campo
con color de semerucos,
olorosos panes cocidos y
refrescante aguamiel llene un jarro,
para recibir a mi convidado.

Lustro las manos a ver si le toco
Majestuosa es su cercanía

Aunque mis ojos no le vean,
mis manos no le toquen
y tampoco le huela...
Es mi Amado
El amigo fiel
El que no repara en su visita cuando la solicito y
trae presentes a mi corazón.

Le siento
Le escucho
Es mi anhelo verle llegar
es mi convidado.

"Mas tú me das el sacrificio para limpiar este cuerpo".

PERDÓNAME

Los abrojos me enlazaron en la concupiscencia,
y tú, silente aguardas.
Pena,
pena la de mi rostro,
descubierta la desnudez, ¿con qué me visto?

Se despedaza mi corazón y
se hace ruina de este mundo;
tómalo y tu misericordia repare mi oprobio.

Amado,
¿Cuánto perdón ha de pedirte esta alma tan insensata?
Mas tú me das el sacrificio para limpiar este cuerpo enfermo.
Grande es tu amor.

No se esconda tu rostro delante mí,
perdóname Amado.

"Enséñame Amado, cómo subir los peldaños para llegar a ti".

ENSÉÑAME

Enséñame a amarte,
así como los pájaros alborozados
al rayar el alba
van de un lado a otro.

Despierte yo
después de andar en sueños contigo,
y en reverencia doble mi cuerpo
para bendecirte desde el primer rayo
bañado de lo tibio de tus caricias.

Apacienta mi día,
y al atardecer agradezca ruborizada ante ti.

Enséñame a amarte
Acicala mi alma para ofrendarte
Aroma delicado suelte tu corazón
y en alabastro guarde tu preciado aliento.

Enséñame Amado,
cómo subir los peldaños para llegar a ti.

Enséñame la puerta,
y yo sabré esperar el día para atravesarla.

Los colibríes hacen sus nidos,
así entretejo el mío con hilos de tu palabra
para albergar tu canto de enamorado.

Dispongo las cuerdas de mi corazón
en cantos para decirte, aquí estoy.

Enséñame la hendidura para guardarme,
y conozca los detalles para agradarte.

Enséñame Espíritu Santo a decirle, te amo.

"...tu sombra arrope mis pensamientos".

TE BUSCO

En tus paseos, te busco.
Me oculto entre las ramas del jardín de mi corazón
para mirarte,
descubrirte.

El rosal desgaja pétalos
Las enredaderas entrelazan un arco
Los botones abren sus corolas.

Con timidez me inclino a tu aliento.
No perturben mis latidos tus pasos,
hasta al mismo corazón reprendo, detengo, si es preciso.

Quieras,
yo pasee sobre tu césped
donde tu sombra arrope mis pensamientos.
Despida mi cuerpo perfume como flor nacida a tus pasos;
tras tu estela
las lágrimas endulzan los labios
y en la euforia grito:
¡Me ha visitado el amor,
me ha visitado el Amado!

"Tu voz regocija mi espíritu y danza hasta hacerse en ti".

TE ESCUCHO

Cierro la ventana para escucharte solo a ti.
Nada aparta mi oído cuando llamas,
abro la puerta, la abro solo a ti.

Amado,
dispongo mi corazón barrido,
adornado con guirnaldas
y encendidos candeleros para adorarte.
Enjugo tus pies, los beso.
Tu voz regocija mi espíritu,
y danza hasta hacerse en ti.

Amado,
yo te sirvo,
no importa la tromba que acecha mi casa,
porque de ellos
sale el aliento y vuelve a la tierra.

Cuantas veces llamen a mi puerta
no escucharé.

No perturben ellos mi boda
silente y confiada
oigo tu voz
y la sigo.

"Tus brazos sostengan mi vida".

ABRÁZAME

Abrázame cuando la tormenta amenaza en el horizonte,
cuando la tempestad del mundo oscurece la tierra.

Abrázame para no caer cuando resbalo,
cuando al asedio de lenguas perversas buscan hacerme dudar.

En todas mis necesidades, socórreme
con tu abrazo.

No se encoja mi corazón ni se erice mi piel,
estréchame y calentarás mi amor.
Tus brazos rodeen mi cuerpo
cada vez, cada momento.
Tus brazos sostengan mi vida.

Yo te busco en los detalles como en la inmensidad.
Aprisa voy porque
vehemente espera este ser, este que espera tu abrazo.

Abrázame cuando río porque tuya es mi risa.

"...iré a tu encuentro, a tu amor fiel".

TE ESPERO

Como la arena espera las aguas,
así te espero Amado
con la mesa servida
con el vino en la copa.
Entiendo tu demora
preparas lugar para mí,
y te espero.

Caerán las estrellas
Rugirán los mares
El júbilo de tu llegada
dibuje en mí lo inefable,
cuando vista tu regalo, ropa emblanquecida.

Derramaré aroma de flores silvestres,
me gozaré esperándote sobre la hierba
junto a riachuelos entre los collados.
Si es de trepar escarpadas de cuarzo
iré a tu encuentro,
a tu amor fiel.

La brisa sopla un eco sublime
como asintiendo tu venida;
en mi renacido corazón
recito el anhelo de verte
¡yo te espero, Amado!

“Mi llenura de amor sobreabunda”.

PERFECTO MÍO

¿Ayunaré si estás de continuo conmigo?
Cada noche renuevas mis fuerzas
cada día se hace más claro.
Si en parte conozco y
mi llenura de amor sobreabunda,
cuánto más será cuando conozca.

Reconoces mi voz,
porque me has conocido.
¿Caminaré contigo mi Señor hasta tu morada?
No quiero otra cosa sino ir contigo
entrar por donde tú entras.

En la pureza de tus manos, está mi deleite
En tu voz, aliento resoplido de vida
En tu misterio, mi anhelo
En tu camino, mi salvación
En tu luz, la esperanza
En tu corazón, el amor y el gozo
En tu palabra, el poder y el vencer.

Amado,
¿adónde he de ir sin ti?
Esté yo siempre a tu lado,
perfecto mío.

"El amor que emana de tu corazón es el abono del mío".

MI DÍA DE ENAMORADOS

El verdadero amor nunca acaba, permanece con tu palabra.
El arbusto en el campo perece y las flores no son más. Semejante es el hombre cuando ama.
No necesito: cajas con lazos, tarjetas ni chocolates;
con imaginarme la flor del cacao, el papiro sombreando las aguas,
las palmeras erguidas al viento,
toda hechura de tus manos, me gozo en lo indecible.

Mi día de enamorados son todos los días.
Hálito de tu boca es la brisa cuando envuelves mi cuerpo,
y cada mañana espero para encontrarte como la hierba espera el rocío del alba.
Me regalas el sol al ocaso, solo tú puedes pintarlo para mí.
Me regalas cada luz de la noche oscura, certeza de tu presencia.
Me regalas cantos de lluvia, aleteos de aves, el eco del viento y el silencio escondido.
Despiertas los árboles y el olor se riega con la semilla.
Desnudas el araguaney y yo... espero lo vistas.
Como dulces nísperos es el corazón que ama, corazón renovado.
Derramas tu Espíritu, y el amor que emana de tu corazón es el abono del mío.
Así son mis días.
Te beso Amado.

DE ACCIÓN DE GRACIAS
A LA ALABANZA

Alabanza es comunión con el Padre,
expresión de su santidad, fruto de su deidad;
agua y miel que emana de su ser, gozo de su amor.
OSCAR GONZÁLEZ

GRATO

Clamo a ti y respondes.
Te manifiestas en lo grande y en lo pequeño.

Me libertas, y tu lumbrera es mi camino.

Grata es tu sombra,
alivio es tu voz.

Alzo las manos y mi alma te aclama.
Mis pupilas hablan de ti y te adoran.

Mi cuerpo se hace torre, atalaya,
porque mi ciudad está encendida con tu presencia.
Cánticos suben de esta fortaleza,
la que tú sustentas.

La paz de tu gozo
me llena en las debilidades.
Reconfortas mi alma con tu palabra
y a mi espíritu en tu regazo lo acaricias.

GRACIAS

Aún no te he suplicado cuando ya me has oído.
Inimaginables son tus caminos.
Bienaventurado el hombre
que guarda y cumple tus mandatos,
cuántos prodigios harás en él,
todo le saldrá bien.

Eres grande sobremanera
Eres Dios
Único, creador.

Extiendes tu mano llena de misericordia y
rebosante de amor
pese a la insensatez del hombre que,
teniendo oídos, no oye y teniendo ojos no ve.

Gracias Dios
por la llenura de tu Espíritu Santo y
por el Cordero Amado.
Nadie nos arrebatará de tu mano.

Gracias, Dios.

EL SUSTENTO

El sustento viene de ti.
Es de ti de quien espero la comida.
Me provees el alimento espiritual
con tu palabra, con tu Espíritu.
Proveyéndome de pan cada día
como a las aves del monte.

Riegas mi espíritu y crece
Riegas los campos, nace la semilla
Das la luz del sol y crecen los frutos.

Maná y codornices diste en el desierto a tus hijos,
y no murieron de hambre.
Los cuervos alimentaron a Elías,
Y no murió de hambre.
¿Tendré yo acaso falta de provisión?
Bendijiste los panes y los peces; y todos comieron.
Nada le falta a quien te entrega sus días.
Gracias, Señor.
Bendito eres,
haces llover sobre la tierra de donde todo hombre
saca el pan para su sustento.
Enaltecido es tu nombre sobre todas las cosas.
Y de nuevo:
Gracias, Señor, porque rebasas la despensa,
porque de tu alimento está llena mi casa.

PRESENTARME ANTE TI

Presentarme ante ti
es vestirme de lino púrpura,
con engastes de piedras
y bordados con hilos de oro.
Alabarte con salterio, decacordio y arpa.
Es honrarte con manos limpias,
sahumando mi cuerpo con incienso puro,
al único Dios, de paz, amor y misericordia.

¿Está acaso mi alma lavada para presentarme ante ti?
...Oh, Señor, cuanta impureza hay en mí.
Lave yo mis ropas para entrar por las puertas de la ciudad.

Permíteme vestirme de lino fino
emblanquecido con la sangre del Cordero.
Comprar de tu Hijo, oro refinado en fuego,
para con vestiduras blancas
ir delante de tu trono
y
presentarme ante ti.

Mi adoración sea siempre para ti, que estás sentado
en el trono y al Cordero.
Tú eres mi Dios, el Dios de mi salvación.

TE OFREZCO

Te ofrezco encendido incienso
aroma de mi corazón.

Paciente espero
para escucharte.

En genuina reverencia inclino el alma.

Propicio es alabarte
desde el rincón entrañable
de este cuerpo.

Craqueladas palabras
piden tu aliento.

Canto para ti,
canto en silencio.

Es el Espíritu incandescente
luz del Señor.

Es amor
Es canto
Es el olor de tu presencia,
cuando impregnas este,
tu templo.

NO HAY OTRO DIOS

Cuando me creaste
con amor lo hiciste, y
con amor eterno me has amado.
Tus pensamientos de gozo y paz
son para conmigo.

¿Por qué me ha de aturdir la angustia del mundo y
la desesperación del hombre?
¿Acaso no eres mi Dios?
Si tu Espíritu mora en mí,
gozo tengo
¿A qué he de temer?
Me ha alcanzado tu misericordia,
y para ti es mi alabanza.
No hay otro Dios,
tu eternidad inmutable
es sobre todo y todos.

Bendito Padre Celestial
El Dios vivo
Santo
Santísimo.

No hay otro Dios.

CANTARÉ AL SEÑOR

Bendeciré su nombre
Le diré cuánto lo amo.

Grande es mi Dios
y sus oídos prestos
a mi alabanza.

Andaré en su justicia
Bendeciré su nombre
Lo alabaré.

Él es Jehová, mi sanador
y le temo.

Acampe su ángel
a mi derredor
y me defienda.

Te canto mi Dios.
Te digo y te digo
cuánto te amo.

Te canto, Señor.

LAS DOBLO...

Doblo las rodillas,
las doblo para adorarte.

A la batalla voy,
porque tú estás conmigo.

Seré tu soldado,
y pelearé.

Hazme fuerte,
cabalgaré hasta los confines,
y venceré.

Estaré firme,
no permitas caiga en perdición.

Doblo las rodillas,
las doblo para adorarte.

Ponme la armadura,
aquí estoy.

Doblo las rodillas,
las doblo para adorarte, mi Dios.

DANZO

Levanto las manos,
y mi boca dice: ¡He aquí, Padre,
ante tu majestuosidad salta mi corazón y bendice!

El rey David, danzó; así dance mi espíritu, alma y cuerpo.

Hago fiesta
Oh, Santo, Santo
Oh, Aleluya.

Las horas pasan... yo danzo.
Es mi espíritu alegre para ti Padre Santo,
y si el rayar del día me toma,
con inclinada cerviz,
postro mi alma ante ti y danzo.

¡Aleluya! Alabe mi alma a Jah.

EL CAMINO

El camino es la salvación.
Y el Predicador abrió el camino.
De las aguas nace la salvación,
envía bendición y vida eterna.
Tomará a su pueblo,
lo librará en el tiempo de la aflicción.

Le alabarán, y bendito es su Santo Monte
donde está su morada;
donde está su aprisco, allí juntará
de los cuatro puntos de la tierra
a su rebaño, a su manada.

¡Alaba al Señor!
Sus brazos extendidos están,
y con su amor y misericordia
espera paciente tu entrega,
Sé, pues, y estés entre los entendidos
para que veas su gloria.

ERES LUZ

Eres salvación, eres mi Señor.
Liberada mi alma de las ataduras,
liberada estoy por ti.

Come mi espíritu palabras,
palabras de tu libro santo.

Correntías de aguas por mis venas
trastocando mis adentros.

Te bendigo
Te alabo.

De continuo está mi espíritu
perfumándose para adorarte.

Eres tú mi Señor
Eres tú mi luz
Eres salvación.

¡TE ALABARÁN!

Tú creaste cuanto existe
desde el inmenso mar
hasta el más pequeño ser,
y toda tu creación resuena tu grandeza.

Sopla el viento porque tú lo dispones,
cae la lluvia porque así tú lo has querido,
cuanto existe es tuyo,
por amor alargas tu mano
y con tu bondad nos cubres.
De dispensación en dispensación
muestras tu amor y poder.

Te alabarán
los árboles, las piedras...,
todos los hombres justos. Y
mirará aquel recto de corazón tu
inmensidad, lo majestuoso de tus cielos
porque ha creído.

Te alabarán, ¡Oh, Dios!
por tu misericordia,
por lo sublime y la verdad
de tu existencia.
¡Te alabarán!

DEL FRUTO A LA CENA

Como la flor que erguida está anhelante
y absorta del sol que acaricia y sonroja su tez cada mañana,
así ferviente ansía el alma el tibio amor del que la ha creado.

ORIANA AGUILAR

I

Se sufre
Se perdona
Se entrega y se es fiel.
Es hacer su voluntad.
Así como los rayos acarician las madrugadas
y las flores regalan su néctar,
así se acaricia con la palabra;
se comparte el pan con el necesitado
y con las manos se sostiene al desamparado.
Así ama el corazón cuando Dios lo ha revelado,
y entra en la divina dimensión del AMOR.

II

…Es sobrenatural
como estar en el ojo del huracán.
Se alboroza el corazón y se ensancha el pecho.
Se baila en la dificultad.
Deleitoso contentamiento ajeno a la razón.
Es lo apacible del Padre, óleo del aceite fino de Dios.
Regalo sublime, es un placer.
Se desprende el espíritu,
se traspasa la condición humana.
Es regocijo
Es plenitud de GOZO.

III

Como un remanso de aguas quietas
se está el alma sin afán.
Serena,
sin perturbación,
en acción de gracias.
El corazón sujeto a Dios
consigue sosiego.
Hace lo bueno,
ama al hermano,
reposa en el regazo del Padre y
el Padre lo llena de PAZ.

IV

Esperando en paz
se gana el alma.
Soportando la prueba
y deleitándose en la espera.
Sin protestas,
con contentamiento y tolerancia,
y en amor los unos a los otros
anhelando la presencia de Dios.
Y como el novio espera a la novia
así espera el hombre,
el hombre que guarda PACIENCIA.

V

Las mañanas claras
en un corazón claro,
es llenura de Dios.
Cuando se procura la compasión,
la misericordia y el bien para con los demás,
Dios se manifiesta,
se hace visible.
Benevolente y apacible
hijo de bien será
el que se ha encontrado con Él,
el que tiene BENIGNIDAD.

VI

No cierres los ojos ante la súplica de otros,
desprende la bolsa
y ayuda al hermano.
Da de sí mismo,
de lo hermoso que te da Dios,
de las dádivas del Señor.
El de corazón blando
sin condiciones para ayudar,
lleno de fe, obras y piedad;
se ha encontrado con Dios,
tiene amor, tiene BONDAD.

VII

Como el ciego lleva lazarillo,
confiado va sin tropezar.
Así confía el hombre
cuando cree y no ve.
¿Se pedirá acaso dudando
como hoja arrastrada en sequía?
La fidelidad de Dios es siempre.
Divino es el corazón dormido
en la confianza y certeza
que despertará y encontrará el día.
Entonces, Padre: entesad mi corazón de FE.

VIII

Divinidad es encuentro con Dios,
autoridad y obediencia.
La creación obedece
no se opone, no protesta
siempre atenta y perfecta.
Pero el alma se inquieta y se desordena
como cabra salvaje en el desierto.
¡Hombre insensato! aprende a doblar la cerviz
y aligera tu yugo.
¿Acaso no serán salvos los que aprenden del Señor
humildes y MANSOS de corazón?

IX

Como caballo sin freno ni rienda
así es el alma realenga.
Las riendas sueltas no la sujetan
y como río crecido
las aguas salidas ¿adónde irán?
Comedida tu carne, el no, es no.
El apetito pleitea.
El dominio propio somete y amansa.
Refrenado el instinto libertino,
el Dios de gloria libera el alma,
y es esa la difícil moderación, es esa la TEMPLANZA.

LA CENA

No hay banquete en el mundo
comparable con su cena,
donde el vino lo convierte en su sangre
y su cuerpo en pan de vida.
Somos sus convidados,
gustemos la cena del Señor,
acudamos diligentemente
todo está preparado.
Bienaventurado el convidado a su banquete.
Es Él quien enriquece el alma,
sacia el vientre
y llena el espíritu.
Nunca tendremos hambre ni sed.
y
Bendito es el Señor que con su paciencia nos espera...

ÍNDICE

El amado
se editó con amor
en noviembre de 2021
en el taller editorial de
Ediciones Madriguera,
en Mérida – Venezuela.

¡Gracias a Dios!

Laura Parra *Laures* (Ocumare del Tuy, 1957). Reside en Peterborough, Reino Unido. Por varios años trabajó en el modelado de piezas en barro (artes del fuego). Aficionada a la pintura sobre cualquier soporte y diferentes materiales y pigmentos. Realizó talleres de poesía, narrativa, oralidad y creación literaria en la Casa de las Letras Andrés Bello (Caracas). Integrante de la peña literaria "La Espiral de la imagen". Ha participado en las siguientes antologías poéticas: *Divers@s* (2014), *Alquimia del silencio* (2021), *Poema en la piel* (2021), *Hacedoras Tomo I* (2021). Conforma el grupo literario Arnaldo Rojas.

ISBN 978-980-433-062-9

www.ingramcontent.com/pod-product-compliance
Lightning Source LLC
LaVergne TN
LVHW010358160826
845677LV00005BA/1306

* 9 7 8 9 8 0 4 3 3 0 6 2 9 *